AF235463

ERFOLG für

Rosenkriegs
amazonen

Impressum
© Anja Krummeck 2019
Bildquelle: depositphotos
Satz/Layout/Coverdesign: Anja Krummeck
ISBN 9783755748984
Kiefernweg 3, 55442 Stromberg
Herstellung und Verlag: BoD – Books on
Demand, Norderstedt

INHALT

Das Jugendamt - Freund oder Feind?

Mein Kind hat einen Verfahrensbeistand

Das Gerichtsverfahren

Meine Rechte

Hilfreiche Unterstützung

INFO: Es findet ausdrücklich keine Rechtsberatung statt, Beschriebene Vorgänge sind lediglich Informationen und Hinweise auf Regeln und Gesetze sowie Erfahrungen, die bereits in der Vergangenheit von Betroffenen gemacht wurden.

VORWORT

Was du in diesem Buch bekommst

Dass du diese Zeilen vor dir hast, bedeutet höchstwahrscheinlich, dass du vor einer Trennung stehst, darüber nachdenkst oder dich bereits mitten in einer Trennung oder Scheidung befindest. Dies ist ein sehr komplexer Vorgang in dem es allerlei Beteiligte gibt, die hinzugezogen werden, sobald Kinder im Spiel sind. Leider wissen viele Menschen heutzutage nicht, was von einer Trennung vom Partner alles abhängt, welche Folgen, Entscheidungen und notwendige Handlungsweisen für das weitere Leben aller Beteiligter diese Trennung haben und wie weitreichend sie sein können.

Dieses Buch bietet einen ersten Überblick über wesentliche Beteiligte, Vorgänge und Abläufe mit denen man in einer Trennung aus einer Partnerschaft mit Kindern sehr wahrscheinlich zu tun bekommt, wenn die Trennung nicht einvernehmlich stattfindet oder einer der Beteiligten mit dieser Verletzung nicht umgehen kann und seine Macht und Rachegelüste über das gemeinsame Kind auslebt. In diesem Fall passiert es nicht selten, dass Eltern sich über Jahre hinweg in gerichtlichen Auseinandersetzungen wiederfinden und unzählige Beratungen, Mediationen und sonstige Unterstützung von Fachkräften in Anspruch nehmen müssen.

Damit du nicht von vornherein z.b. durch unüberlegtes Handeln oder einfach durch Unwissenheit gravierende Fehler machst, die nur schwer oder gar nicht mehr rückgängig zu machen sind, findest du in diesem Dokument wesentliche Informationen und viele Links zu hilfreichen Seiten im Internet. So hast du durch Informationen einen besseren Stand, mehr Wissen und kannst selbst besser argumentieren, sowie deinem Anwalt zur Erreichung des gemeinsamen Ziels besser zuarbeiten. Dir kann keiner ein X für ein U vormachen, weil du selbst informiert bist und Bescheid weißt.

Noch ein Hinweis. Wenn hier im Dokument die männliche Form gewählt wird, ist dies lediglich einer Vereinfachung des Leseflusses geschuldet. Selbstverständlich ist auch immer die weibliche Form gemeint.

DU ÜBERLEGST, DICH ZU TRENNEN - WAS SOLLTEST DU VORHER WISSEN?

Deine persönlichen Sachen - Überlegungen im Vorfeld

Du merkst schon länger, dass es in deiner Beziehung nicht mehr so gut läuft und es gibt immer mehr Dinge, die für dich inakzeptabel sind und die du nicht länger hinnehmen willst. Vielleicht hat sich im Laufe der Jahre euer Leben in verschiedene Richtungen entwickelt, vielleicht habt ihr inzwischen unterschiedliche Interessen, du hättest dir mehr Engagement in eurer Beziehung oder der Kindererziehung gewünscht oder was auch immer der Grund sein mag.

Vielleicht habt ihr sogar auch professionelle Unterstützung in Beratungseinrichtungen in Anspruch genommen. Wie auch immer, du spielst mit dem Gedanken einer Trennung und einem Neuanfang.

Heutzutage kann man nicht einfach seine Sachen packen, das Kind mitnehmen und einen Neuanfang beginnen. In aller Regel haben Eltern heutzutage, auch wenn sie nicht verheiratet sind, das gemeinsame Sorgerecht. In diesem Fall gibt es einiges zu beachten, wenn du die Trennung gut überstehen willst.

Dein Entschluss steht nun fest, du möchtest die Trennung und überlegst auszuziehen. Wenn ihr als Eltern gemeinsames Sorgerecht für euer Kind habt, ist der Auszug mit einigen Hürden verbunden. Einfach seine Sachen packen und mit dem Kind gehen, ist aufgrund der gemeinsamen elterlichen Sorge nicht möglich, ohne dass es negative Folgen für dich hat. Es ist also jetzt schon sinnvoll, sich nach einem kompetenten Rechtsbeistand umzuschauen. Dazu ist es hilfreich, andere Betroffene nach Erfahrungen zu fragen, um nicht an einen Anwalt zu geraten, der in erster Linie seine eigenen Ziele (Abrechnung seiner Leistung) im Fokus hat, sondern sich wirklich für dich und dein Anliegen einsetzt. Leider sind Solche manchmal schwer zu finden. Wenn du auf Verfahrenskostenhilfe angewiesen bist, wird die Suche noch herausfordernder und gute Erfahrungen anderer Eltern umso wichtiger. Suche dir Möglichkeiten zum Austausch mit anderen in ähnlicher Situation.

Sinnvoll ist es auch, sich bei einer entsprechenden Beratungsstelle zu informieren, welche Möglichkeiten es gibt oder andere Einrichtungen wie beispielsweise Caritas, AWO, Pro Familia oder Erziehungsberatungsstellen aufzusuchen. Hierbei ist jedoch auch zu beachten, dass nicht alle, die dort arbeiten, das Wohl des Kindes, um dass es geht, in erster Linie im Blick haben. Oftmals wird vielmehr der Fokus darauf gelegt, dass dein Kind gerecht zwischen den Eltern aufgeteilt wird und keiner der Eltern auf sein Recht verzichten oder kürzer treten muss. Leider hört man immer mal wieder, dass dort zum Auszug mit den gemeinsamen Kindern geraten wird. So schlimm die Situation auch ist, mit einem unangekündigten Auszug bei gemeinsamen Sorgerecht, hat man rechtlich einen sehr schweren Stand.

Wenn die Situation bei dir so ist, dass dein Partner/Ex-Partner zu emotionalen Überreaktionen neigt oder Du befürchten musst, dass es eine handfeste Auseinandersetzung gibt und er versucht, dich am Auszug zu hindern, gehe strategisch und überlegt an die Sache heran. Dazu ist es sinnvoll, wichtige eigene Dokumente (Ausweispapiere, Versicherungsunterlagen, alle Unterlagen für deine Finanzen, wichtige Zeugnisse und andere berufliche Dokumente sowie wichtige Dokumente des Kindes, usw.) zu sichern, indem man sie z.b. an einen Ort außerhalb der gemeinsamen Wohnung, auf den der Ex-Partner keinen Zugriff hat, bringt.

Bereite deinen Auszug im Stillen vor. Rede erst dann mit deinem Ex-Partner darüber wenn alles geregelt und vorbereitet ist, sodass er dir möglichst wenig schaden kann, indem er z.b. wichtige Dinge von dir zerstört oder dir den Zugriff darauf verwehrt.

Hier nun eine kurze Auflistung, an was du bei deinem Auszug u.a. denken solltest:

- eure Versichertenkarte
- euer Familienstammbuch
- deine Bankkarte
- Handy + Ladekabel
- wichtige Verträge und Dokumente
  (Arbeitsvertrag, Zeugnisse, Nachweise für Rentenansprüche, Versicherungen, Kreditverträge...)
- dein Geld (bar + Sparbuch)

Juristische Situation

Sind in einer Trennung heutzutage Kinder betroffen, gibt es auch ohne Trauschein oder gemeinsame Wohnung der Eltern viele Stolpersteine und Hindernisse, an die man in seiner Unbedarftheit überhaupt nicht denkt und mit denen man wohl nie gerechnet hätte. Meist wird in einem familiengerichtlichen Verfahren geprüft, wo die betroffenen Kinder am besten aufgehoben sind. Das ist heutzutage nicht mehr selbstverständlich bei der Mutter, sondern immer häufiger beschließen Gerichte, dass Kinder aus den unterschiedlichsten Gründen bei ihrem Vater aufwachsen sollen und die Mutter lediglich ein Umgangsrecht hat. Einfach Sachen packen und mit Kind und Kegel ausziehen ist also sehr kontraproduktiv, egal wie schlimm die häusliche Situation auch sein mag. Wenn Mütter einen nachteiligen Stand vermeiden wollen, sind sie sehr gut beraten, wenn sie von Anfang an kompetente juristische Unterstützung hinzuziehen. Wie zuvor schon genannt, sollte man bei der Wahl eines Rechtsbeistandes nicht den erstbesten nehmen, sondern nach Erfahrungswerten bezüglich der erreichten Ergebnisse und dem zwischenmenschlichen Umgang mit Mandanten suchen. Eine Trennung ist ein sehr emotionales und sensibles Thema. Da muss auch die zwischenmenschliche Chemie zwischen Rechtsbeistand und Mandant stimmen, der Mandant sich ernst genommen fühlen und der Anwalt auch ein offenes Ohr für Sorgen und Nöte sowie eigene Gedanken und Anregungen zur Gestaltung des Gerichtsverfahrens haben.

Die Trennung ist nicht einvernehmlich - Folgen für dein Kind und dich

Wenn dein Ex Partner eine schwierige Persönlichkeit hat, es in der Vergangenheit zu heftigen Streitereien, Stalking, gewalttätigen Auseinandersetzungen und Bedrohungen kam, musst du dich darauf einstellen, dass die Trennung und alles was damit zusammenhängt ein langwieriger, kräftezehrender und nervenaufreibender Prozess wird, der dich und deine Ressourcen sehr fordern kann.

Leider kommt es viel zu oft vor, dass Eltern sich bei einer Trennung nicht nur um Hausrat, das Auto, die Finanzen und alle anderen Wertgegenstände streiten, sondern oftmals wird auch erbittert um jede Minute, die das Kind bei den Eltern sein kann, erbittert gestritten. Hast du einen gestillten Säugling, stelle Dich darauf ein, dass gefordert wird, dass du abstillst. Hast du ein Kleinkind, das noch nie längere Zeit ohne dich war, stelle Dich darauf ein, dass gefordert wird, dass das Kind mehrere Nächte hintereinander beim anderen Elternteil bleibt. Viel zu häufig werden Umgangszeiten der Kinder rigoros hälftig auf die Eltern verteilt, sie haben ja schließlich das Recht darauf. So finden sich immer wieder Kinder, die weder von ihrer individuellen Entwicklung, noch von ihrer Persönlichkeit her dazu geeignet sind, im viel gepriesenen Wechselmodell wieder. Stelle Dich darauf ein, dass dies gefordert wird und suche frühzeitig Kontakt zu anderen Eltern, um sich auszutauschen, welche Möglichkeiten du hast, wenn du der Meinung bist, dass dein Kind für ein Wechselmodell, aus welchen Gründen auch immer, nicht geeignet ist. Verlasse dich dabei nicht auf die Hoffnung, dass das Jugendamt, ein Gutachter oder der Verfahrensbeistand die individuelle Situation deines Kindes berücksichtigen wird und grundsätzlich an der Wahrheit interessiert ist.

Da sich hier immer wieder Änderungen ergeben können, z.B. durch Gesetzesänderungen, sei hier gesagt, dass dieser Text den Stand von Herbst 2019 wiedergibt.

DIE TRENNUNGSSITUATION

Geht es ohne Gerichtsverfahren?

Wenn du davon ausgehen würdest, deine Trennung einvernehmlich über die Bühne zu bringen, würdest du wahrscheinlich dieses Dokument nicht lesen. Du hast wahrscheinlich bereits die Erfahrung gemacht, dass dein Ex Partner sich nicht an Zusagen und Vereinbarungen hält oder diese sehr kreativ auslegt und du dich nicht auf seine Zusagen verlassen und keine eigenen Pläne umsetzen kannst. Womöglich wart ihr sogar schon in einer Paarberatung, Trennungsberatung, Mediation oder eine Beratung anderer Art, um an eurer Beziehung zu arbeiten, oder darüber zu sprechen, ob es überhaupt noch eine gemeinsame Zukunft geben kann. Informiere dich am besten so weit wie möglich über die aktuelle Rechtslage im Familienrecht und suche den Austausch mit anderen Betroffenen. Dies wird dir helfen, dich auf das Wichtigste zu fokussieren und deine Energie nicht in Nebenschauplätzen zu vergeuden. Wenn du dein Ziel stets im Blick hast, kannst du erfolgreicher sein und ein besseres Ergebnis für dich und dein Kind erreichen.

Einfach ausziehen?

Von einem Umzug mit dem gemeinsamen Kind ohne das Einverständnis des anderen Elternteils aus der gemeinsamen elterlichen Wohnung muss dringend abgeraten werden. Ansonsten sind große Nachteile zu erwarten. Findet ein Auszug mit Kind gegen den Willen des Ex-Partners statt, sehen Jugendämter sowie Familiengerichte dies gerne als Kindesentzug und legen dir deinen Auszug nachteilig aus. Selbst dann, wenn der Ex-Partner von dir über den Aufenthaltsort des Kindes informiert wird. Wenn Eltern sich nicht einigen können, bei wem das Kind nach der Trennung seinen Lebensmittelpunkt hat, muss ein Gericht einem der Eltern das alleinige Aufenthaltsbestimmungsrecht zusprechen. Für das Kind muss der Umgang mit dem anderen Elternteil geregelt werden, wozu Eltern in strittigen Trennungen meist nicht ohne Unterstützung von außen in der Lage sind. Häufig landen Kinder getrennter Eltern mittlerweile im sogenannten Wechselmodell. Dieses Modell ist sehr umstritten, da es auch große Nachteile mit sich bringen kann, wenn Eltern nicht in der Lage sind, miteinander im Sinne der Kinder zu kommunizieren und Entscheidungen zu treffen.

Schadensbegrenzung für dein Kind

Kinder neigen dazu, sich die Schuld für die Trennung der Eltern zu geben. Selbstverständlich sind Kinder nie Schuld an der Trennung. Es obliegt den Eltern, die Kinder auf die Trennung vorzubereiten und ihnen gleichzeitig nicht das Gefühl zu geben, in irgendeiner Form Verantwortung dafür zu tragen. Für das Kind ist wichtig zu wissen, dass ihre Situation sich zwar ändern wird, es aber dennoch weiterhin beide Eltern hat. Je nach Alter werden Kinder mit in die Planung und Durchführung der Umgänge mit dem abwesenden Elternteil einbezogen. Die Fragen der Kinder bezüglich des Trennungsgrundes und der weiteren Zukunft sollten möglichst altersgerecht und an die individuelle Belastbarkeit der Kinder angepasst erklärt werden. Deine Kinder sollten sich sicher sein, dass sie auch weiterhin beide Eltern liebhaben und Bindungen unterhalten dürfen. Wie sich die Umsetzung im Einzelfall ausgestaltet, ist höchst individuell, da jede Familiengeschichte und jede Familienkonstellation einzigartig und nicht zu generalisieren ist.

WENN DIE TRENNUNG IN EINEN GERICHTSMARA-THON MÜNDET

Ich kann mir keinen Anwalt leisten

„Eine Partei, die nach ihren persönlichen und wirtschaftlichen Verhältnissen die Kosten der Prozessführung nicht, nur zum Teil und nur in Raten aufbringen kann, erhält auf Antrag Prozesskostenhilfe, wenn die beabsichtigte Rechtsverfolgung oder Rechtsverteidigung hinreichende Aussicht auf Erfolg bietet und nicht mutwillig erscheint."
– §§ 114 ff. ZPO

Wer nicht in der Lage ist, seine juristische Vertretung selbst zu bezahlen, muss dies nachweisen. Dazu erhält man ein Formular, in dem man alle notwendigen Angaben macht und entsprechende Nachweise und Belege beifügt. Wenn man sich für einen Anwalt entschieden hat, sollte man vor Mandatsübertragung in Erfahrung bringen, ob dieser überhaupt für Verfahrenskostenhilfe tätig wird oder ob er nur mit individueller Gebührenvereinbarung tätig wird. Einfluss auf die Honorarhöhe können folgende Faktoren haben: Vorliegen eines juristischen Spezialgebiets, Schwierigkeit der Rechtsfrage und weitere. Es ist also wichtig, von Anfang an genau zu hinterfragen, mit welchen Kosten du rechnen musst. Wenn du etwas bezüglich anfallender Kosten unterschreiben sollst, nimm dir Zeit dafür und unterschreibe erst, wenn du wirklich verstanden hast, wofür und in welcher zu erwartenden Höhe Kosten anfallen können, damit du später nicht aus allen Wolken fällst.

Es gibt also keinen Grund, auf juristische Unterstützung zu verzichten und somit womöglich Fehler zu machen, die dich teuer zu stehen kommen werden.

Wo finde ich einen Anwalt, der hinter mir steht? Damit du ein gutes Ergebnis für dein Kind und dich erreichen kannst ist es wichtig, einen Anwalt zu haben, der sich wirklich für dich und deine Ziele ins Zeug legt. Leider hört man immer wieder, dass man als Mandant mit seinen Sorgen, Ängsten und Bedenken, die nun einmal auftreten, vor allem wenn man in einer emotionalen Ausnahmesituationen ist, von seinem Anwalt nicht ernst genommen wird. Für den Anwalt mag das alles Routine sein und Vorgänge beinhalten, die er schon zig Male erlebt hat. Für dich ist dies jedoch alles neu und unter Umständen mit vielen Ängsten und Sorgen verbunden. Schriftsätze im Familienrecht strotzen oftmals vor Lügen, Diffamierungen und Verleumdungen gegen dich. Man könnte den Eindruck gewinnen, dass die Wahrheit nur am Rande überhaupt eine klitzekleine Nebenrolle spielt - und es stattdessen darum geht den anderen so schlecht dastehen zu lassen, dass er selbst beginnt, an sich zu zweifeln. Deine Sorgen und Ängste, vor allem, wenn es darum geht, dir dein Kind zu nehmen, sollte ein Anwalt ernst nehmen und auch darauf eingehen sowie dir durch seine Kompetenz und Erfahrung realistische Erwartungen und Ziele nennen können.

An dieser Stelle ist persönlicher Austausch mit anderen Trennungseltern sehr von Vorteil. Informiere dich, welche Erfahrungen mit bestimmten Kanzleien und Anwälten vorliegen, welche Stolperfallen du umgehen musst und auf was du dich am besten nicht einlässt. Es hat sich gezeigt, dass es von Vorteil sein kann, einen Anwalt aus einem anderen Gerichtsbezirk zu wählen. Dieser wird keine Scheu haben, bei Gericht und gegenüber des Jugendamtes Tacheles zu reden und für deine Ziele einzutreten, da er keine Sorge haben muss, dass zukünftige Mandanten in diesem Gericht von vornherein einen schlechten Stand haben und er Verfahren verlieren könnte, weil er es sich mit dem Gericht verscherzt hat.

Das Internet bietet dir die Möglichkeit zum Austausch mit anderen. Nutze dies!

Wenn ich mit dem Anwalt nicht zufrieden bin

Dein Anwalt ist schwer zu erreichen, ruft nicht zurück, antwortet nicht auf deine E-Mails, gibt dir Antworten auf deine Fragen die noch hier mehr Fragezeichen entstehen lassen oder ihr habt zu unterschiedliche Meinungen bezüglich der zu erreichenden Ziele und einzusetzender Mittel? Du bist mit den bisherigen Ergebnissen und seinem präferierten Vorgehen nicht zufrieden? Dies könnten Gründe sein, die dich dazu bewegen, dir eine neue Rechtsvertretung zu suchen.

Wenn du deinen Anwalt selbst bezahlst kannst du jederzeit wechseln. Erhältst du Verfahrenskosten- oder Prozesskostenhilfe, sind bei einem Wechsel verschiedene Dinge zu beachten. Wechselst du im laufenden Verfahren den Anwalt kommen Kosten auf dich zu. Wenn ein Verfahren abgeschlossen ist, kannst du dich in einem anderen Verfahren jedoch problemlos von einem anderen Anwalt vertreten lassen.

Leider hört man immer öfter, dass nach einer Trennung, die nicht einvernehmlich erfolgt und einer der beiden Eltern große Probleme mit der Trennung hat im Anschluss über Jahre hinweg Dauer-Verfahren geführt werden. Da gibt es Verfahren über eine Urlaubswoche, über einen Mutter-Kind-Kur Aufenthalt, über einen Tag Umgang, über den Aufenthalt beim anderen Elternteil, über das Wechselmodell, über Umgangsregeln allgemein oder was strittigen Eltern sonst noch so für Gründe einfallen, die Familiengerichte in Anspruch zu nehmen. Unter diesen Dauer Verfahren leiden natürlich nicht nur die Erwachsenen, sondern ganz massiv auch die betroffenen Kinder. Sobald sie alt genug sind werden sie jedes Mal befragt und somit in die Verfahren involviert und müssen sich womöglich in Befragungen für oder gegen ein Elternteil positionieren. Man hört immer wieder, dass resultierend aus diesen dauerhaften belastenden Umständen, Kinder auffällig reagieren, in ihrer Entwicklung Rückschritte machen und schließlich Therapien erforderlich werden oder sie sogar in einen Pflegegrad eingestuft werden.

DAS JUGENDAMT - FREUND ODER FEIND

Die Aufgabe des Jugendamtes

Die Grundlage des Handelns der Jugendämter findest du im Kinder- und Jugendhilfegesetz (SGB VIII) und Landesjugendhilfegesetz (LJHG) des jeweiligen Bundeslandes. Dort kannst du konkret nachlesen, wie die Grundlagen in deinem Bundesland sind.

Immer dann, wenn Eltern sich in einer Trennung nicht einigen können (egal ob verheiratet oder nicht), wie der Umgang zu regeln und wo der gewöhnliche Aufenthaltsort des Kindes ist, tritt das Jugendamt in Erscheinung. Leider hört und liest man immer wieder von sehr fragwürdigen Handlungen des Jugendamtes, sodass du von vorneherein gewisse Handlungsweisen im Umgang mit Mitarbeitern des Jugendamtes beherzigen solltest.

Dies sind zum Beispiel:
- Gehe niemals alleine und ohne einen Zeugen/Beistand zu Gesprächen im Jugendamt
- Lasse deinen Zeugen während des Gesprächs Protokoll führen und es im Anschluss von allen Anwesenden unterzeichnen
- Überlege dir vor dem Termin genau was du sagen willst, was dein Ziel ist und welche Vorschläge du zur Problemlösung machen kannst
- Unterschreibe Formulare des Jugendamtes erst nach einer Bedenkzeit
- Kommuniziere ausschließlich schriftlich mit dem Jugendamt, so hast du alles was besprochen wurde und jede Vereinbarung in nachweisbarer und belegbarer Form

Lasse dir nicht vorschreiben, dass ein von dir gewählter Beistand im Gespräch nicht dabei sein darf. Du entscheidest, wer der Beistand ist, auch da darf das Jugendamt keine Entscheidung treffen, wer dies sein soll.

Lehnt der Jugendamtsmitarbeiter deinen Beistand ab, kannst du den Termin absagen und dich an den Amtsleiter wenden. Weiterhin

kannst du dir vorbehalten, eine Fachaufsichts-beschwerde gegen den betreffenden Jugend-amtsmitarbeiter einzureichen.

Was darf das Jugendamt und was nicht?

Bezogen auf ihre Mitwirkung bei Trennungen die vor dem Familiengericht enden ist schnell gesagt: Jugendämter haben nur eine beratende Funktion. Sie können Vorschläge machen und Dinge anregen aber festlegen und bestimmen können sie nicht. Das kann nur ein Familien-gericht.
Beraten: ja
Bestimmen und festlegen: nein

Zielführendes Verhalten im Gespräch

Immer, wenn du gegenüber des Jugendamtes eine Aussage machst, die ein negatives Bild auf den anderen Elternteil wirft, solltest du Deine Aussage belegen können. Sinnvoll ist es, wenn häufiger Dinge vorfallen, ein Protokoll zu führen oder ein Tagebuch, in dass du alles einträgst. So schwer dir das auch fallen mag, lasse keine Emotionen zu und präsentiere dich stark und selbstsicher. Du bist Experte für dein Kind - nicht fremde Sachbearbeiter einer Behörde.

Wenn es Unstimmigkeiten in Sachen Umgang gibt, der andere Elternteil sich nicht an Vereinbarungen hält, mitgegebene Dinge einbehält, oder sonstige Vorfälle auftreten, kann das Führen eines Tagebuchs helfen. Dieses ist auch für dich selbst hilfreich, um Strukturen und Muster zu erkennen und auch über einen längeren Zeitraum Dinge belegen und rekonstruieren zu können.

Tipp: Diese Bücher helfen dir, deine Gedanken zu sportieren und alles Wesentliche im Blick zu behalten. So bleibt mehr Kapazität für Anderes.

MEIN KIND HAT EINEN VERFAHRENSBEISTAND

Was ist ein Verfahrensbeistand?

Der Verfahrensbeistand wird gerne als Anwalt des Kindes bezeichnet. Im Grunde hat er einzig die Aufgabe, innerhalb von Gerichtsverfahren den Willen des Kindes festzustellen und in das Verfahren einzubringen. Nicht mehr und nicht weniger.

Familiengerichte neigen dazu, die Sicht des Verfahrensbeistandes als Grundlage der Entscheidung zu nehmen oder aber auf dieser Basis Einigungsgespräche mit den Eltern zu führen.

Um als Verfahrensbeistand tätig zu sein ist - Stand heute - keine besondere Ausbildung oder fachliche Qualifikation Voraussetzung. Kenntnisse in Entwicklungspsychologie, Sozialpädagogik, Psychologie oder Auswirkungen von Traumata sind zwar wünschenswert, aber keine Voraussetzung zur Ausübung dieser verantwortungsvollen Tätigkeit. Kurz gesagt, jeder kann Verfahrensbeistand werden und die Auswahl des Verfahrensbeistandes wird vom Gericht vorgenommen. Allerdings gibt es schriftlich formulierte Standards, nach denen sich z.B. Mitglieder des Berufsverbands der Verfahrensbeistände verpflichtet haben, zu arbeiten.

Außer der Feststellung des Kindeswillens in Umgangs- und Sorgerechtsverfahren, hat der Verfahrensbeistand die Aufgabe, das Kind über den Verfahrens-Gegenstand, Ablauf und den möglichen Verfahrensausgang zu informieren. Um seiner Aufgabe nachzukommen, kann der Verfahrensbeistand Gespräche mit Bezugspersonen des Kindes führen, wozu er jedoch eine Schweigepflichtentbindung von beiden sorgeberechtigten Eltern benötigt. Eine Einschätzung zum Kindeswohl oder eine Bewertung des elterlichen Verhaltens gehören nicht zu seinen Aufgaben und Pflichten. Ebenso ist er nicht befugt, ohne fachliche Befähigung Diagnosen zu stellen.

Derzeit ist noch keine fachliche Mindestqualifikation bei Verfahrensbeiständen vorgegeben. Oft findet man in dieser Position Juristen, die meist leider keine Fortbildung in Sachen Entwicklungs-psychologie, kindlichen Bindungssystem usw verfügen, so dass es vorkommt, dass höchst ominöse Vorschläge des Verfahrensbeistandes zustandekommen, denen die Gerichte häufig folgen.

Beispiele:

- Der Verfahrensbeistand fragte die Mutter lediglich, ob der Vater den noch nicht mal 2 jährigen Kind etwas zu essen machen könnte. Die bejahung dieser Frage war für ihn ausreichend, um in der Folge dann das Wechselmodell vorzuschlagen.

- Ein Verfahrensbeistand war der Meinung, dass ein Vater ja schließlich nicht wegen eines Kindes plötzlich sein ganzes Leben umstellen könne.

- Ein Verfahrensbeistand war der Meinung, dass ein Kind kein Recht auf perfekte Eltern habe und schließlich an Schlägen auch wachsen könne.

Und viele weitere dieser Art mehr.

Wer bezahlt den Verfahrensbeistand?

Die Kosten für den Verfahrensbeistand werden in der Regel den Eltern je hälftig auferlegt, unabhängig davon, ob du mit der Leistung des Verfahrensbeistandes zufrieden bist.

DAS GERICHTSVERFAHREN

Die mündliche Verhandlung

In der mündlichen Verhandlung wird das, was vorher schriftlich beantragt und in ellenlangen Schriftsätzen vorgetragen wurde, zum Thema gemacht. Das heißt, es wird nur über das, was vorher beantragt wurde, verhandelt. Wurde z.b. ein Umgangsantrag gestellt, kann nicht automatisch auf einmal auch über das Sorgerecht verhandelt werden.

In der mündlichen Verhandlung besteht die Möglichkeit, Dinge zu besprechen, zu erläutern, Vorschläge zu machen und sich einzubringen. Dazu ist es notwendig, dass man gut vorbereitet ist. Manchmal kann man den Eindruck gewinnen, es geht zu wie auf einem Basar, weil um jeden Preis eine Einigung zwischen den Eltern erzielt werden soll. Man muss sich aber nicht auf alles einlassen und kann Gegenargumente vorbringen. Oftmals soll ein familienpsychologisches Gutachten in Auftrag gegeben werden. Dies, so muss man leider sagen, birgt das große Risiko, dass das Kind im Anschluss nicht mehr bei dir wohnt. Leider sind eine Vielzahl an Gutachten fachlich nicht verwertbar, was die Gerichte jedoch nicht davon abhält, sie dennoch als Basis für ihre Entscheidungen heranzuziehen. Hier an der Stelle sei kurz erwähnt, dass Gutachten auch ohne, dass es einem negativ ausgelegt werden darf, von dir abgelehnt werden können. Leider bestätigt sich die Hoffnung, der Gutachter als Fachmann würde die Situation erkennen und durchschauen, nur in den seltensten Fällen. Daher ist es sehr wichtig, sich darüber klar zu werden, welchen Vorteil ein Gutachten bringen soll, im Vergleich zu den fast schon zu erwartenden gravierenden Nachteilen.

Zur Vorbereitung auf diesen Verhandlungstermin solltest du dich bestmöglich in alle Richtungen informieren. Verlasse dich nicht nur auf deinen Anwalt, der natürlich der Fachmann ist, aber deine persönliche Situation und alle Hintergründe und Vorkommnisse samt mögliche Zusammenhänge gar nicht vollumfänglich kennen und bewerten kann. Recherchiere im Vorfeld selber, suche dir alle Informationen, die wichtig sein könnten, lese am besten auch Paragraphen, die auf dich und deine Situation passen, um selbst auch Argumente vorbringen zu können. Du zeigst somit Kompetenz und Engagement für euer Kind und eure Situation, so dass du eher ernst genommen wirst, als wenn du den Mund nicht aufmachst und gehorsam und entgegenkommend alles abnickst. Natürlich solltest du vorher mit deinem Anwalt eine gemeinsame Strategie besprochen haben. Was soll er vortragen, wie soll er argumentieren, welche zusätzlichen Infos kannst du noch geben und so weiter.

Sei dir klar, was der Fokus und dein Ziel ist, was du erreichen willst und auch welche Kompromisse du bereit wärest einzugehen. Oftmals ist es aber so, dass es sich nicht auszahlt, allzu kompromissbereit zu erscheinen. Sinnvoll kann es auch sein, von Anfang an viel mehr zu fordern als eigentlich gewünscht. So hat man Spielraum für „Entgegenkommen".

Erwarte vom Gericht keine Kenntnisse in Psychologie, kindlicher Entwicklung und altersbedingten kindlichen Bedürfnissen und so weiter. Leider ist es so, dass Familienrichter nicht verpflichtet sind sich regelmäßig fortzubilden und es dazu auch nicht genügend Angebote geben würde. Schraube deine Erwartungen an solche Kompetenzen also erstmal weit herunter. Lasse dich lieber positiv überraschen wenn du doch das Glück hast, an einen Richter zu geraten, der fachlich auch auf diesem Gebiet auf aktuellem Stand der Wissenschaft ist.

Wie verhalte ich mich im Gerichtssaal?

Wichtig ist, souverän zu wirken, zielgerichtet zu agieren und zu wissen, was man will. Lege deinen Fokus auf das Kind und was für das Kind vorteilhaft ist, entsprechend seinem Alter und seiner individuellen Entwicklung. Bleibe sachlich und werde nicht emotional, das hilft dir nicht. Sinnvoll ist es, gezielt auf Fragen zu antworten, konkret auf den Punkt zu kommen und nicht um den heißen Brei herum zu reden und ausschweifend zu antworten. Eventuell wird versucht werden, dich aus der Reserve zu locken und zu provozieren. Stehe da drüber und gehe nicht darauf ein. Es ist möglich zu beantragen, gewisse Aussagen der anwesenden Personen ins Protokoll aufnehmen zu lassen. Manchmal reicht solch ein Antrag schon, damit die betreffende Person plötzlich zurück rudert und ihre Meinung und Aussagen abschwächt oder revidiert. Lasse dich nicht zu etwas drängen oder überreden, was du nicht willst und wohinter du für dich und dein Kind nicht stehen kannst.

Was ist ein Vergleich?

Du stimmst einer Vereinbarung zu. Das heißt, du bist mit dem was dort da festgelegt wird, einverstanden. Im Anschluss kannst du das was dort festgelegt und vereinbart wurde quasi nicht mehr ändern oder rückgängig machen. Denn du warst ja einverstanden.

Wenn du also aus welchem Grund auch immer, einem Vergleich zustimmst, lasse bitte unbedingt einen Widerrufsvorbehalt mit aufnehmen. Dann ist es möglich innerhalb einer Frist den Vergleich zu prüfen, zu überdenken und im Zweifel sich doch dagegen zu entscheiden.

Was ist ein Beschluss?

Hier trifft das Gericht am Ende der mündlichen Verhandlung (manchmal auch erst später) eine Entscheidung. Wenn das Gericht etwas beschließt, mit dem du nicht einverstanden bist, oder das höchst nachteilig für dein Kind oder dich ist, hast du die Möglichkeit rechtlich dagegen vorzugehen. Dein Anwalt wird dich darüber informieren und aufklären wie der weitere Verlauf der Sache ist und ggf. eine Beschwerde vorbereiten.

Lass dir am besten vor dem Verhandlungstermin in Ruhe von deinem Anwalt den Unterschied erklären zwischen einem Beschluss und einem Vergleich. Den solltest du kennen, da das Ende einer Verhandlung eines der vorgenannten sein wird und beide unterschiedliche Handlungsmöglichkeiten im Anschluss mit sich bringen.

MEINE RECHTE

Muss ich allem zustimmen, was man von mir will?

Nein, natürlich nicht. Wie zuvor schon erwähnt darfst du mitreden und Vorschläge machen. Das heißt jedoch leider nicht, dass diese unbedingt angenommen und entsprechend deinen Vorstellungen berücksichtigt werden.

Es wird höchstwahrscheinlich, wie in den Schriftstücken zuvor auch schon geschehen, viel Unwahres über dich behauptet, dir irgendwas angedichtet und gelogen, dass sich die Balken biegen. Verfalle nicht in Schockstarre oder sei die brave Frau, die nicht aufmuckt und ihren Mund hält. Weise Unwahres von dir, widerspreche unwahren Behauptungen und weise sie als Spekulation zurück. Fordere Belege von dem, der die Behauptung aufstellt. Es kommt leider viel zu häufig vor. Wenn du angeschrien wirst, sollte dein Anwalt dazwischen gehen. Wenn dies ausbleibt, fordere die Person ausdrücklich auf, das zu unterlassen. Wenn du etwas nicht verstanden hast oder dir nicht klar ist, frage nach. Es geht um eine sehr wichtige Sache mit einem Ergebnis, das sich massiv auf deine Zukunft auswirken wird. Du hast das Recht, alles so erklärt zu bekommenm, dass du es verstehst. Wie solltest du sonst auch einer Vereinbarung usw. zustimmen können? Du kannst auch um eine kurze Unterbrechung bitten (über den Anwalt) und gewisse Dinge vor der Tür mit ihm besprechen oder dir erklären lassen. Es in jedem Fall sinnvoll, wenn du dich fachlich zu den Themen Bindungstheorie, Entwicklungspsychologie, natürliches Abstillalter, Kindeswohlkriterien, Loyalitätskonflikt, Auswirkungen von miterlebter elterlicher Gewalt auf Kinder, Folgen von Bindungsabbruch usw. vorbereitet hast und deine Aufzeichnungen, die du im Vorfeld bzgl. eurer Vorgeschichte, Dingen, die nicht rund gelaufen sind und es Probleme gab, fein sortiert dabei hast, um dich ggf. darauf beziehen und bei Fragen konkret antworten zu können.

Immer wieder hört man von Eltern, dass sie im Gerichtssaal nicht nur zu Vereinbarungen und Zustimmungen genötigt werden, sondern sogar ganz offen mit Erpressung gearbeitet wird. Auch das solltest du wissen, wenn du dich auf deinen Termin vorbereitest.

Wenn in Familiengerichten alles gerecht und zum Wohle der betroffenen Kinder vor sich gehen würde, wären solche Bücher wie dieses und spezielle Beratungsangebote nicht erforderlich. Leider zeigt die Realität ein anderes Bild.

Grundsätzlich gilt, sich kooperativ zu zeigen, aber durchaus mit den individuellen Bedürfnissen deines Kindes und den zu erwartenden Auswirkungen der geforderten Handlungsweisen (z.b. Umgangsdauer und -turnus) zu argumentieren.

Oftmals werden vom Gericht auch familienpsychologische Gutachten gefordert. Auch diese musst du nicht mitmachen. Es ist ein weit verbreiteter Irrglaube, ein Sachverständiger würde mit Sachverstand die Lage beleuchten und eine Empfehlung im Sinne des Kindeswohls abgeben und die Realität abbilden. Wer dies glaubt, wird in den allermeisten Fällen sehr enttäuscht.

Hier ein Zitat, das es sehr gut auf den Punkt bringt.
Professor Uwe Jopt von der Universität Bielefeld, WGvdL-Forum, Januar 2011:
„Es gibt keine andere Tätigkeit, ich kenne jedenfalls keine andere, wo Sie so viel Narrenfreiheit haben, wie in der psychologischen Begutachtung. Es kommt keiner und zieht Sie für ihre Fehler, so Sie die denn tun, zur Rechenschaft."

Überlege dir gut, ob es dich wirklich weiterbringt, dich auf solch dünnes Eis zu begeben. Leider raten viele Anwälte dennoch dazu, sich einem Gutachten zu unterziehen. Noch mal: Du darfst deine Begutachtung ablehnen und Zwangsbegutachtung ist nicht zulässig.

Du hast nun sehr viele Infos rund um deine strittige Trennung erhalten. Bei allem was du tust, gehe zielgerichtet und möglichst emotionslos vor.
Triff keine überhasteten Entscheidungen, besprich die möglichen Folgen deines Handelns vorher mit deinem Anwalt und suche dir auf jeden Fall Unterstützung und Austausch mit anderen Betroffenen, die von ihren Erfahrungen die man vorher nie für möglich gehalten hätte, erzählen. Mit logischem Menschenverstand kommt man hier leider nicht weit, wie sich immer wieder zeigt.

Das Internet bietet dazu verschiedene Anlaufstellen. Weiterhin findest du im Anschluss eine Auflistung von Büchern, die je nach Vorgeschichte und Verlauf deiner Trennung hilfreich sein können und es sind weitere Angebote zur

Unterstützung aufgelistet, die dir je nach individueller Situation weiterhelfen können. Schau einfach, was es alles gibt und was für dich sinnvoll ist.

Ich wünsche dir und deinem Kind alles Gute für die Zukunft, und dass ihr ohne große Blessuren durch die harte Zeit der Trennung und womöglich jahrelangen Dauerverfahren kommt, die extrem kraftraubend sind. Lass dich nicht unterkriegen und kämpfe für das, was dir wichtig ist!

NACHFOLGEND FINDEST DU HILFREICHE BÜCHER ZUM THEMA

CAROLA FUCHS
Mama zwischen Sorge und Recht: Die aberwitzigen Erfahrungen einer Mutter in Sachen Umgang
ISBN: 978-3000470042

CHRISTINE FINKE
Allein, alleiner, alleinerziehend: Wie die Gesellschaft uns verrät und unsere Kinder im Stich lässt
ISBN: 978-3785725597

ALEXANDRA WIDMER
Stark und alleinerziehend: wie du der Erschöpfung entkommst und mutig neue Wege gehst
ISBN: 978-3466310609

NORBERT BLÜM
Einspruch: Wider die Willkür an deutschen
Gerichten
ISBN: 978-3864890666

ALINA BRONSKY, DENISE WILK
Die Abschaffung der Mutter: Kontrolliert,
manipuliert und abkassiert – warum es so
nicht weitergehen darf
ISBN: 978-3421047267

ANITA HEILIGER, TRAUDL WISCHNEWSKI
Verrat am Kindeswohl: Erfahrungen von
Müttern mit dem Sorge- und Umgangsrecht
ISBN: 978-3881043564

ANITA HEILIGER
Vater um jeden Preis? Zur Kritik am Sorge-
und Umgangsrecht
ISBN: 978-3881043816

CORNELIA & STEPHAN SCHWARZ
Schluss mit Psychospielchen
ISBN: 978-3423349253

WILHELM KÖRNER, GEORG HÖRMANN:
Staatliche Kindeswohlgefährdung
ISBN: 978-3779939696

DON FERGUSON, CHRISTOPH TRUNK
Krokodile küsst man nicht
ISBN: 978-3491421004

REINHARD HALLER
Die Narzissmusfalle: Anleitung zur Men-
schen- und Selbstkenntnis
ISBN: 978-3711000378

HEINZ-PETER RÖHR
Wege aus der Abhängigkeit
ISBN: 978-3843606400

MARIE-FRANCE HIRIGOYEN,
MICHAEL MARX
Die Masken der Niedertracht: Seelische
Gewalt im Alltag und wie man sich dagegen
wehren kann
ISBN: 978-3423362887

BÄRBEL MECHLER

Mein (Ex-)Partner ist ein Psychopath:

Wege aus der Opferfalle
ISBN: 978-3863743741